NANTES SAFARI

le guide dont vous êtes le héros

deux degrés
ÉDITIONS

mode d'emploi

Mieux qu'un catalogue touristique pour visiteur lambda, un guide *Safari* est destiné aux habitants de la ville, à ses exilés, à ceux qui viennent s'y immerger jusqu'au cou : tous ceux qui en sont, plus ou moins consciemment, les ambassadeurs. Et pour un·e bon·ne ambassadeur·rice, mieux vaut avoir un partenaire qui permette de parler de sa ville, d'en retrouver les codes et découvrir les principaux lieux et anecdotes. C'est précisément ce que l'on vous propose dans ce *Safari*.

Alors sortez de la routine, de vos parcours habituels. Partez à l'aventure, faites de Nantes votre terrain de jeu. Comme tout bon livre dont vous êtes le héros, vous devrez mener à bien une quête, faire des choix à chaque page. Ces choix vous mèneront vers différents quartiers, différents personnages et différentes fins possibles. Libre à vous de recommencer pour vivre l'aventure d'une autre façon. Et si vous tombez trop souvent sur la case perdu, c'est qu'il est peut-être temps d'aller voir ailleurs...

sommaire

Avertissement aux lecteurs parisiens

Nantes n'est pas au bord de l'océan. Vous ne pouvez pas descendre du train en ciré jaune et espérer aller sur la plage à pied, à vélo ou en trotinette électrique.

Il y a des ronds-points carrés. Des doubles ronds-points carrés. Beaucoup, beaucoup de ronds-points !

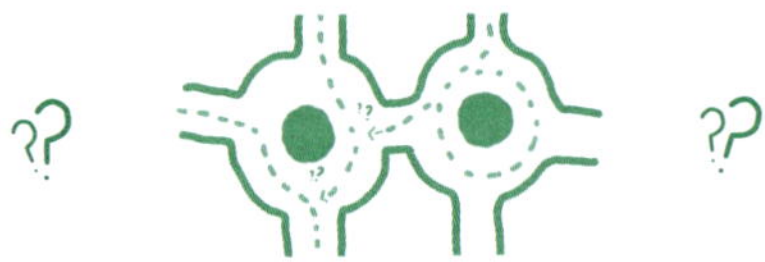

Nantes est peut-être bretonne. Vous croiserez des Bretons d'eau douce, des Nantais pur beurre salé, des Parisiens expatriés dans le Sud, beaucoup de Vendéens qui montent à la ville et des Angevins qui viennent s'encanailler ! Bref, c'est un peu le bordel et c'est ça l'identité de la ville.

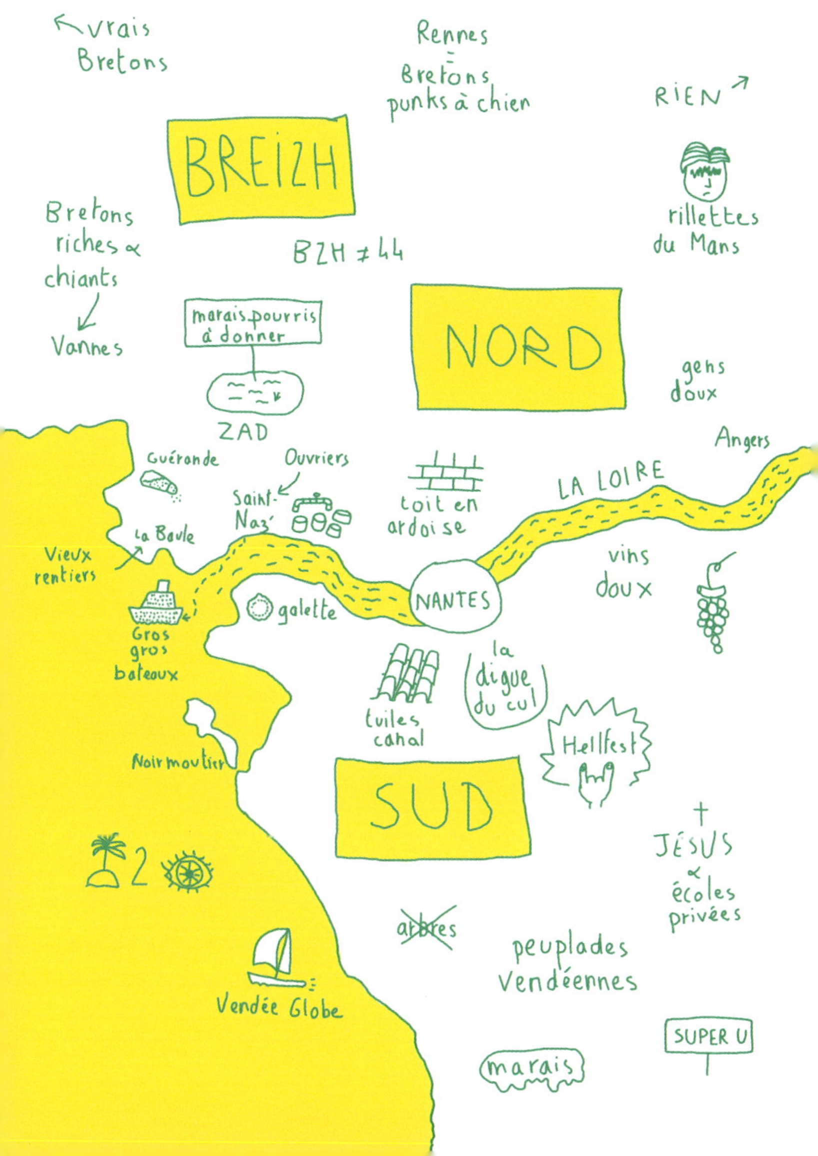

vrais Bretons
Rennes = Bretons punks à chien
RIEN
BREIZH
Bretons riches & chiants
Vannes
BZH ≠ 44
rillettes du Mans
marais pourris à donner
ZAD
NORD
gens doux
Guérande
Ouvriers
Saint-Naz'
toit en ardoise
LA LOIRE
Angers
La Baule
Vieux rentiers
Gros gros bateaux
galette
NANTES
vins doux
tuiles canal
la digue du cul
Hellfest
Noirmoutier
SUD
2
JÉSUS & écoles privées
arbres
peuplades vendéennes
Vendée Globe
SUPER U
marais

Bienvenue à Nantes !
café & muscadet
TALENSAC
touristes
ZARA
H&M
CRS
manifs du samedi
BOUFFAY
bourges sympas
Opéra
crêperies
resto indien
CINÉMA
GRASLIN
magasins chics
girafes de bière
FEYDEAU
zoner dans l'herbe
bourges historiques
commerce = bordel
SEX
XXX
enfants joyeux
parents heureux
ÎLE DE NANTES
musique électro-latino
SUCRE
TRENTEMOULT

promenade
des
vieux
SPOT
APÉRO!!!
les bords
de l'Erdre
TABAC
EPICERIES
PIZZAS
BARS
MARÉCHAL JOFFRE
jardin des
Plantes
Ouaiiiss!
LU
cool
CSP +
TACOS
TACOS
TACOS
GARE
jardin des
fonderies
BRASSERIES
PMU
BAGELS
SUSHI
carrefour
8°6
dreadlocks
golf

samedi matin

Quelle douceur ! Mais quelle douceur ! La vallée de la Loire, Nantes. Tout est doux, tout est sympa. Même les gens sont sympas. Ils te laissent passer au passage piéton, pour traverser le rond-point. Nantes, c'est une ville très agréable, surtout en ce beau samedi matin.

Suivant la ligne verte du Voyage à Nantes, tu songes à tout ce que tu aimes dans cette ville : des parcs partout, une culture du collectif, beaucoup de fierté mais de la fierté humble. Et puis il y a de l'art partout. 7000 étudiants chaque année, une école des Beaux-Arts de renommée internationale.

Il y a plein de débats. Des vieux, des nouveaux. Pour ou contre l'aéroport ? Pour ou contre le nouveau stade ?

Il y aussi de plus en plus de monde. D'ailleurs, perdu·e dans tes pensées, tu ne suis plus la ligne verte mais une ligne orange qui indique le passage de la fibre optique. Tu es égaré·e...

Tu lèves la tête, et là, d'un coup, une centaine de personnes t'encerclent. « Félicitations Madame/Monsieur. Grâce aux avancées de la démocratie participative, vous venez d'être nommé·e maire de la ville par tirage au sort ! Voilà, prenez votre écharpe tricolore. »

« Et n’oubliez pas, vous avez une conférence de presse lundi à 8 h pour nous présenter votre projet pour la métropole. Tout le monde sera là pour vous écouter. L’avenir de la ville dépend de vous ! Bon week-end. »

Béh ? C’est quoi cette histoire ? Toi maire ? Tu dois présenter un projet dans deux jours ? Mais comment tu vas faire ? C’est quoi la démocratie participative ? Tu n’avais pourtant participé à rien ! Mais pourquoi ??? Hein ? Quoi ? Un discours ? Là ? Maintenant ? On te tend un micro, toute la foule te regarde.

« Hum hum... oui euh... eh bien merci. C'est gentil. J'aime beaucoup Nantes. C'est une ville très sympathique. On s'y sent bien, c'est tranquille mais il y a aussi plein de choses à faire. L'île de Nantes, j'aime beaucoup. Mais c'est vrai que le tram, il est un peu étroit dedans... Je veux dire qu'on ne peut pas trop mettre du monde dans une rame et c'est dommage. Et sinon, ce qui est très bien, c'est qu'il y a cent parcs ! Voilà. »

La foule est calme. Ton discours a suscité un enthousiasme modéré. Tu te dois de réagir à 48 h de ta conférence de presse. Tu as tout de même un projet pour Nantes à trouver ! Tu reprends énergiquement le micro :

↳ *« Et sous mon règne, tout le monde devra être sportif et en bonne santé grâce à la page **15** ! »*

↳ *« Est-ce que quelqu'un a des idées pour Nantes ? Je sèche un peu là. Et bon, comme c'est participatif, si on peut m'aider, ça m'intéresse... » Veinard·e ! Nantes est pleine de créatifs. D'ailleurs, il y en a un qui te propose ses précieux conseils à la page **16**.*

↳ *« Et je voudrais ajouter que les enfants c'est important. Je vais donc commencer par m'intéresser aux enfants et aux parents de Nantes. Vive les jeunes Nantais ! » Acclamations, applaudissements, foule en liesse. File à la page **14** pour trouver des idées. »*

Enfants

SPORTIF·IVE – Au foot, il/elle court en biais pour finir en touche. Au basket, il/elle dunk sur le panier imaginaire pas très haut à droite... Oh ça va être un·e champion·ne ! Mais alors un·e champion·ne de quoi ? Entre l'arbre aux cinq paniers de basket et le terrain de foot tordu à Feydeau, va falloir attendre les JO « sports alternatifs ». Oriente-le/la vers une carrière plus artistique, à la page **16**.

BIEN ÉLEVÉ·E – À la sortie de l'office de tourisme, ton bout de chou t'aide à ouvrir ta canette de bière avec ses dents puis il part faire le toboggan géant du château des ducs. Il est libre. Tu es libre. C'est Nantes. D'ailleurs, il est temps de lui apprendre la culture locale page **18**.

PROPRE – Ton petit s'appelle Richard mais il préfère se faire appeler Jean-Richard. Son parc préféré ? Le cours Cambronne car c'est bien rangé et bien fréquenté. Il ira loin s'il rencontre les bonnes personnes de la page **20**.

ESCALADEUR – « Mais descends de là ! » Ton garçon/ta fille est en train d'escalader la bibliothèque du salon. Faut dire qu'entre les rochers de l'Île de Versailles, le dragon de Feydeau, les trampolines de l'Île de Nantes ou la colline de la Cantine, il est toujours à 1,5 m du sol. Fais-le/la descendre avec un balais puis emmène-le/la en Clio monter et descendre la rampe de l'école d'archi à fond la caisse. Cela devrait le/la calmer jusqu'à la page **15**.

Sport

ALLEZ, ALLEZ, ALLEZ
NANTAIS JOUEZ,
TOUS AVEC VOUS LES JAUNES
ET VERTS ...

LE CERCLE
DE L'AVIRON DE
NANTES !

PRESQUE
CHAMPIONS
D'EUROPE !

↳ *Du sport ? La dernière fois que tu en as fait, c'était au XXe siècle. Si tu préfères jouer au Rami, va chercher une partenaire à la page* ***20****. Si tu ne sais même pas courir, rejoins ton ami à la page* ***16****.*

Le créatif

Quentin, illustrateur, t'invite dans son studio de graphisme expérimental, qu'il partage avec des architectes/circassiens dans une friche réhabilitée du quartier des Olivettes. « C'est un village ici, tu savais qu'il y avait les écuries du roi avant ? Ça stimule ma créativité. Bon, pour ton projet, je pensais faire repeindre les grues Titan par Antoine Corbineau, un truc très coloré. Ou peut-être un brochet géant sur les quais, imaginé par Jean Jullien ? En tant que Vendéen fraîchement installé à Nantes, je trouverais ça super original. »

↪ *Tu refuses de parler à un Vendéen. Ce ne sont pas des Hommes. Va parler avec quelqu'un de respectable page* **20**.

« Oui, Vendéen, mais ce n'est pas une honte ! J'en ai marre de me cacher pour aller au Puy du Fou. Oui j'aime les reconstitutions médiévales, les tuiles canal et le palet vendéen. Oui je connais toutes les PME du 85 mais ça ne fait pas de moi un cousin de Philippe de Villiers ! »

↪ *Vendéen ? Comme Philippe Katerine ? Tu as envie d'en savoir plus sur les références culturelles locales page* **18**.

« Oh de toute façon, tout le monde est graphiste-créatif à Nantes… Et puis la douceur du style nantais… Même quand c'est sale c'est mignon. Non, ma vraie passion, c'est de faire des fanzines ruraux-punk. Je les vends à prix libre ou contre des bières sous le nom de Suceur de Loire. Mais tu sais, c'est pas facile d'être underground à Nantes. »

↪ *Quentin est d'humeur à tout déballer. Écoute ses secrets les plus intimes à la page* **23**.

Olivettes Feydeau

Culture

HELLFEST
180 000 FESTIVALIERS
400 000 LITRES DE BIÈRE
SOPRANO & HF THIÉFAINE
LA NUIT DE L'ERDRE
Scopitone
TECHNO & LASERS
MUSIQUE CLASSIQUE POUR TOUS
LA FOLLE JOURNÉE de Nantes

➥ *Pour toi la musique, c'est avant tout celle que tu entends à H&M quand tu fais ton shopping. File à la page* ***22****.*

➥ *Pour toi la musique, c'est avant tout Tri Yann. Va chercher la prison de Nantes à la page* ***24****.*

➥ *« Non mais vous avec votre musique de jeune là… » Il est vrai que ton amie préfère plutôt La folle journée de Nantes. Rejoins-la à la page* ***20****.*

Marie-Christine

« Jean-Charles ? Jean-Chaaarles ? Mais enfin où êtes-vous ? » Tu aperçois une vieille dame botoxée, Marie-Christine, crier à tue-tête pour retrouver son mari au milieu du cours Cambronne. Sur ce site d'un ancien couvent capucin, ta charité chrétienne te pousse à l'aider.

↪ *Quoi que non ! Chacun ses problèmes. Toi tu as un projet à trouver pour Nantes. Continue tes recherches page* **24**.

« Oh je suis angoissée ! J'ai perdu mon mari ! Tout a commencé après la messe. Nous avons voulu nous encanailler un peu et tenter de découvrir le quartier Guist'hau. Jean-Charles a adoré les brocanteurs de la place Viarme. Il a explosé de joie en voyant que l'ancien tribunal avait été remplacé par le Radisson Blu. Il m'a dit « je veux vivre là maintenant ! » Il s'est mis à courir et il a alors disparu. Cela fait maintenant deux heures que je suis à sa recherche. Mais j'ai peur de passer de l'autre côté du cours des cinquante otages... Peut-être pourriez-vous m'aider ? »

↪ *Trouver un bourge par ici, ça doit être facile. Commence tes recherches dans leur quartier préféré, page* **22**.

Elle t'emmène chez elle, rue Émile Boissier, pour te montrer des photos de Jean-Charles. Et comme dans plusieurs rues à Nantes, l'accès à sa grosse maison cossue est protégé par une barrière qui interdit l'entrée aux non résidents. Ouh, elle en a de la thune la vieille bourgeoise ! Fais la causette avec elle pour en savoir plus sur son patrimoine, page **23**.

Graslin

Bourges
Riches
Un bourge NANTAIS
PLACE GRASLIN
LE LANDRU
SPOT PÉTANQUE
CAMBRONNE
CONSULAT SUISSE
PARC DE RICHES
LA CIGALE
FRINGUES
BOUFFE
FRINGUES
FRINGUES CHICS
"ON VA CRÉBILLONNER ?"
SHOPPING MOINS CHER
ZARA
H&M
SHOPPING CHER
PLACE ROYALE
VISITEZ LE PASSAGE POMMERAYE
RESTOS
CHUTES
BIIIIM!
AUTOROUTE À VÉLOS
AÏE

Graslin

BEAUTÉ – Tu espérais trouver Jean-Charles dans sa brasserie préférée de la place Graslin : La Cigale. Malheureusement il n'est pas là. Sans lui, les céramiques bleues et les faïences de l'architecte Émile Libaudière n'ont pas le même éclat. Dire qu'elles avaient été recouvertes dans les années 1970 lorsque ce lieu se transforma en *self-service*... Prends un café et continue les recherches dans le quartier historique, page **24**.

CHIPIE – Tu ne sais absolument pas qui était Copernic, mais ce dont tu es sûre, c'est que de la rue Copernic jusqu'au tram, tous tes magasins favoris sont là : Naf Naf, Zara, Maisons du monde. Copernic a développé l'héliocentrisme. Si tu veux savoir ce que cela veut dire, regarde tes amies graviter autour d'une petite robe en promotion, cela devrait t'aider à comprendre. Allez zou ! File chercher un *smoothie* à la mangue dans le centre, page **24**.

ÉLÉGANT·E – Les Nantais ne font pas attention aux *looks* des autres, personne ne juge. Mais ce n'est pas une raison pour se laisser aller. Tu fais chauffer la CB dans les magasins chics de la rue Crébillon (« crébillonner » comme on dit) avant de te poser, exténué·e, boire un café au Molière, à côté de l'Opéra. L'endroit idéal pour parler « affaires », page **23**.

Le saviez-vous ? Jean-Joseph-Louis Graslin était un receveur général des fermes qui a réalisé en 1780 le nouveau quartier de l'Opéra. Waldemar Kita essaie aujourd'hui de l'imiter du côté du stade de la Beaujoire.

Tabous

CULTURE – Jean Blaise, Le Voyage à Nantes, t'en as marre. C'est trop institutionnel ! Alors, tous les soirs, tu peins d'autres lignes vertes au sol pour mettre le bordel. Trouve de nouvelles idées de parcours avec la page **26**.

IMPORT EXPORT – Voilà ce que tu réponds quand on te demande d'où vient ta fortune et pourquoi une rue de Nantes porte ton nom. C'est vrai que tes aïeux avaient bien contribué à faire de la ville le principal port négrier de France. Mais c'est du passé. Maintenant tu es *clean*. Tu importes des containers de produits manufacturés chinois. Si tu n'es pas Dylan Montaudoin, va directement page **82**.

IMMOBILIER – Tu as fait une excellente affaire en achetant cette maison à moitié prix. Bon, elle a appartenu à Xavier Dupont de Ligonnès, un voisin très bien jusqu'à ce qu'il tue sa famille. Mais à part cette petite inquiétude quand tu creuses pour planter un arbre ou quand tu dors dans ton lit, tout va bien… Moui, tu ferais mieux d'aller à la page **83**.

VINCI AFFINITY – Tu étais pour l'aéroport Notre-Dame-des-Landes car tu en as marre des avions qui atterrissent au dessus de ta tête. Et puis on pouvait faire quoi d'autre dans ces marais pourris ? Quelle sale époque. Tu préférais quand ça filait droit, comme sur la place Bouffay, à la page **24**.

Bouffay

Centre ville historique de la ville, tu dois en connaître les moindres recoins.

VIP – Dans la rue du Vieil-Hôpital, un homme, dressé sur une table, clame les bienfaits du quartier. Il s'agit de Michel Tizio, gouverneur maire du quartier, présent aujourd'hui pour les fameuses vendanges de la vigne du Bouffay : « Trente-cinq ceps plantés en 1976, qui sont les uniques vignes de la ville. De quoi faire un litre de jus pressé, de la bonne bourrache ! » Tu te demandes si ce « nectar » est reconnu à la page **27**.

MIXTE – Je voudrais une galette au sarrasin avec de l'andouille et un peu de sauce curry, tout ça délicatement recouvert d'un soupçon de cheddar fondu. Restaurants indiens, pubs irlandais, crêperies... c'est vrai qu'il y a de tout à Bouffay, alors toi, pour ton en-cas, tu as décidé de tout mélanger. C'est bien, mais c'est mieux à la page **28**.

TON SUR TON – « À la Révolution, les exécutions sur la place Bouffay étaient telles qu'on a fait peindre l'échafaud et la guillotine en rouge, à cause des plaintes des habitants, qui ne supportaient plus de voir tout ce sang ! » Waouh, ça c'est de l'histoire ! Tu es content·e d'avoir rencontré Dédé, jeune actif au sein de l'asso « La commune libre », même si sa visite historique te coupe un peu l'appétit. Patiente jusqu'à la page **26**.

Le saviez-vous ? Le château des ducs de Bretagne possède un souterrain qui mène, 400 m plus loin, dans les cachots de l'ancienne prison, jadis le château Bouffay. Un puits permet encore aujourd'hui d'y accéder.

BROCHETTES
JAP'À VOLONTÉ
TACOS
INDIEN
GRILL
THAÏ
Sandwichs
Hamburger
SUSHI
KEBAB
BAR
CRÊPES
CHICKEN NUGGETS
TORTILLA
FRITES
PUB
Bouffay
FAST-FOOD LAND

Midi

BARBECUE – Tu aimes quand des fonctionnaires de la mairie t'aident à faire cuire tes saucisses sur les grandes grilles de l'Île de Nantes. Alors, même si c'est seulement autorisé le soir, tu y es aussi le midi. Tu fais ce que tu veux, tu travailles au tribunal. D'ailleurs va faire le shérif à la page **31**.

PRATIQUE – Tu rêves d'un pavillon dans la périphérie nantaise. Alors le midi, c'est direction le centre commercial Atlantis. Il y a Ikea et un spot pour le covoiturage. Et cet après-midi, pour éviter la manifestation de la page **34**, tu te rends directement à la page **38**, profiter du grand air.

PIQUE-NIQUE – « Les chèvres et les canards ont le droit d'aller sur la pelouse et pas moi ? » Tes visites au jardin des plantes s'achèvent toujours en bagarre avec le gardien. Tu lui promets d'aller visiter calmement la collection de camélias puis d'un coup, tu cours sur l'herbe en criant : « Libérez la pelouse ! » Tu es prêt·e pour la page **31**.

MIROIR – La balade pieds nus dans le miroir d'eau, entre les enfants à poil et les mariés qui se prennent en photo, te donne faim. À la recherche de chaleur humaine, tu commandes sur la borne automatique du McDo du carré Feydeau. Tu es la commande 158... Pfff, révise à la page **27**.

Gastronomie

↳ *Vous n'êtes manifestement pas les rois de la gastronomie à Nantes. Va te plaindre à la page* **31**.

Restaurants

Trouve ton bonheur parmi tous les restos nantais ! Si tu cherches l'adresse précise, retrouve-la dans l'index illustré à partir de la page *86*.

Tu veux manger une pizza Naoned ? Celle avec de la saucisse au Muscadet ? Rendez-vous à la terrasse du Waldeck.

Tu n'as que 12 minutes devant toi ? Fais un passage éclair chez Pita Pit. Engloutis une pita sur le pouce.

Tu veux un bon repas dans une ambiance bistrot à un prix défiant toute concurrence ? Marche jusqu'au 15 rue de Coulmiers et pousse la porte du Bistrot de la Manu.

Tartare de bœuf, teriyaki ou pavé de merlu ? Tu n'es pas trop fixé. C'est pas grave, tout est bon chez Monsieur Machin.

Tu n'as jamais volé un sachet d'infusion mais tu veux manger en prison. File à la Prison du Bouffay, c'est l'endroit idéal pour manger avec tes ~~codéte~~nus copains.

Tu veux manger dans un restaurant bistronomique chargé d'histoire ? En route vers Les Chants d'Avril pour un « menu mystère » dans le quartier des Olivettes.

Tu veux faire plaisir à ta maman ? Emmène-la Chez Maman pour déguster une cuisine familiale dans un joli cadre.

Plutôt cigale que fourmi. On n'a qu'une vie, fais péter la bouteille de champ' et le menu gastro à La Cigale !

Parce qu'une cuisse de canard confite c'est une certaine vision du bonheur, va à La Cabane et parle avec la plus sympa des patronnes de resto !

Marre des crêpes ? Découvre cette fameuse crêpe italienne avec une garniture de tomate, la pizza ! Va chez Sale et Pepe, une trattoria sicilienne aux Olivettes.

Tu ne sais pas choisir ? Va au Coup du Lapin, c'est plat unique ! La petite terrasse est très sympa et tu peux même jouer aux fléchettes pour digérer.

Tu veux manger dans un resto que plusieurs amis t'ont conseillé ? Réserve un couvert à la table de Yo.

↳ Le ventre plein, tu te dis qu'une petite sieste serait la bienvenue. Mais non, demain soir tu deviens maire. Tu te dois d'aller à la rencontre des habitants. Rien de mieux que d'aller au centre-ville, il y a justement de l'animation page ***31****.*

samedi aprem

Snif, snif. Hum ? Ça sent les lacrymos. L'hélico de la police fait un vacarme d'enfer au-dessus de toi. Pas de doute, on est samedi après-midi dans le centre-ville de Nantes.
Continue page suivante.

NON
NON

PREFECTURE

Manifestation

Tu n'as pas la moindre idée de la raison pour laquelle les habitants manifestent, mais le cortège est assez imposant.

BOOOMMM – Deux grenades viennent d'exploser à tes pieds ! Ouh là là ! Tu n'aimes pas ça. Évite le centre pour une activité plus paisible. Si tu es véhiculé·e, va à la plage page **38**. Si tu es à pied, va te détendre sur l'Île de Nantes page **40**.

COMME D'HAB – Aussi adroit·e pour éviter les coups de matraque que pour faire des bonnes affaires, tu fais tranquillement ton shopping à travers les manifestants et les CRS. Le seul souci, ce sont les nuages de gaz lacrymo quand tu es à la terrasse du Chien Stupide. Ça t'oblige à rentrer à l'intérieur le temps que ça passe. Mais bon, tu sympathises avec un vieux qui commente la manif. Parle avec lui page **44**.

ARF – Tu es banquier. Cela fait 24 samedis d'affilée que tu travailles dans le noir, derrière les planches en bois qui protègent ta vitrine. En pleine crise existentielle, tu voudrais changer de vie. Tente l'aventure de la page **36**.

YEAAAH ! – Trop bien ! Tu enfiles le minimum vital : un masque de peinture, des lunettes de plongée et un plastron, puis tu fonces au milieu du cortège. Tu repères une jeune au *look* assez aléatoire mais qui a l'air très motivée. Pose-lui plein de questions à la page **35**.

La zadiste

« ZONE À DÉFENDRE » t'explique maladroitement Sandra au milieu de la manifestation. Cela fait une heure que tu as rencontré par hasard cette jeune Nantaise, et tu connais déjà tout de sa vie. NDL, les manifs quasi hebdomadaires, les bières fortes. Son programme est chargé comme son haleine mais toutefois passionnant. Elle te parle de la revue la Lettre à Lulu, de la « participation nantaise », des futures ZAD.

↳ *Un peu de culture ne fait de mal à personne. Va plutôt parler avec un vieux loup de mer qui vous regarde de sa terrasse, page* ***44****.*

Mais ce qui a amené Sandra dans la manif aujourd'hui est d'une tout autre nature. Depuis un mois, son âme est tourmentée. Juliette des temps modernes, elle perd ses moyens dès qu'elle se rapproche de celui pour qui bat son cœur : ce beau et grand chauve ténébreux qui porte si bien l'uniforme. À son contact, Sandra n'insulte plus les CRS. Il semble éviter de tirer des *flash-balls* dans sa direction. « Je crois même qu'il a fait attention au sens du vent pour ne pas que je me fasse gazer la semaine dernière ». Mais impossible de le retrouver aujourd'hui. Déçue, Sandra veut te montrer son nouveau chez elle, sa ZAD, dans le quartier Doulon-Bottière, ancienne zone maraîchère, où le projet d'urbanisation Doulon-Gohards est en cours.

↳ *Avant de partir, pensez à vous réhydrater. Rejoignez votre fidèle compagnon des guides* ***Safari****, Damien le punk à chien, à la page* ***36****.*

↳ *Raconte-lui aussi tes galères, à la page* ***36****.*

Survie

SALE – « Trop c'est trop ! » te crie ton ami·e, les yeux en larmes. Il est vrai que tu ne t'es pas douché·e depuis la fermeture de Notre-Dame-des-Landes. Ni une, ni deux, tu files te laver aux bains-douches, rue des Fauvettes. Diantre ! Ils ont été transformés en maison Baco, un lieu associatif pour faire émerger des initiatives locales. Tu soumets immédiatement une initiative : transformer la maison Baco en bains-douches ! Tu vas en avoir des choses à raconter, à la page **47**.

ACH, KLEIN PAULANER ? – Designer à Berlin, c'est cool. Étudiant·e en design au Berlin, sur le campus, c'est un peu moins bien. Regarde la fin de l'Inspecteur Derrick puis continue l'apéro dans le centre à la page **47**.

WAHOU ! – « Trois packs de 8.6, sept Grafenwalder, deux Atlas et huit Faxe ! » Wahhh, tu n'en reviens pas, Damien s'est souvenu de toute la commande. C'est pour ça qu'il est le chef ! Suis ton mentor jusqu'à la page **47**.

ORGANISÉ·E – SDF nantais·e devant un supermarché, tu joues collectif. Ton menu du soir inscrit sur une feuille, tu demandes aux clients d'acheter les ingrédients qui te manquent. Ce soir, tu tentes la bisque de homard et sa papillote de brochet. Mouais… Tu as plus de chances de réussir en pêchant directement les ingrédients à la page **38**.

Z
Zadiste
Baptiste
B

Plages

CLASSIQUE – Tu habites au sud de la Loire, tu roules en Twingo. Quand le soleil pointe son nez, c'est direction Pornic, la grande plage quand tu veux t'entasser à côté des autres badauds ou la plage du Porteau pour son beau panorama. Pack de bière, bob, partie de pétanque, la liberté. Quoi qu'il en soit, tu seras de retour à l'heure pour la page **47**.

CHIC – Tu habites au nord de la Loire, tu roules en Twingo vers La Baule, le repère de la bourgeoisie nantaise et parisienne. Tes balades en bermuda dans ses allées aux noms de fleurs et d'oiseaux et sur ses 7 km de plage finissent toujours par un Spritz en terrasse avec mamie. Sirote-le jusqu'à la page **47**.

RÊVEUR·SE – Tu gares ta Twingo devant la plage de St-Nazaire. Face au passage des plus gros bateaux du monde, tu te mets à fantasmer. Ah, si seulement tu pouvais être comme « Sammy » et voler sur un aigle géant vers le grand large. En voilà de beaux projets à raconter à tes amis à la page **47**.

FAMILIAL – Tes quatre enfants ne rentrent pas dans la Twingo. Vous serez aussi bien sur l'Île de Nantes, à la page **40**.

SAUVAGE – Élevé·e par une famille de ragondins, tu vis au milieu de la Petite Amazonie et te baignes dans le bras de la Madeleine. Les promeneurs du parc du Crapa t'appellent « Le monstre de la vase ». Essuie-toi page **82**.

Vallée de la Loire

L'Île de Nantes

PARADIS – Ta semaine a été pourrie, tes enfants ont été pénibles. D'ailleurs tu ne veux pas les voir. Tu es donc avec tes amis à la Cantine du Voyage pour boire des coups. Tes petits jouent en « autonomie » avec l'éléphant. Ne les oublie pas avant d'aller te reposer à la page **42**.

ENFER – Tu es un éléphant mécanique de 48 t et, tous les jours, tu fais le même tour de 450 m avec des enfants hurlant autour de toi. Ta savane natale te manque... Si seulement tu pouvais t'échapper, voir ce qu'il y a de l'autre côté de la Loire. Il doit bien y avoir une solution à la page **47**.

ARCHITECTE – Le camion coincé dans l'immeuble : fait. Le bar en forme de chewing-gum bleu : fait. Le *blockhaus* réaménagé en salle de répétition : fait. Va falloir être créatif pour ton futur projet sur l'Île. Tu proposes un dirigeable géant en forme de canari. Tu as gagné le droit d'aller à la page **47**.

MÉCANOPHILE – Tu adores Jules Verne, la robotique et les mécanismes complexes. Tu observes ces machines géantes, à moitié nues, exhibant leurs vérins hydrauliques et autres engrenages en tous genres... Euh... Ce sont des machines hein... Tu ferais bien d'aller te reposer à la page **42**.

LA CANTINE DU VOYAGE
CHUTES DANS L'EAU
BOÎTES
CHUTES D'ENFANTS
TITAN
PLEIN D'ENFANTS
Écoles d'art privées
COUPES AU BOL DE RICHES
BRONZETTE
BELLE GLANDE
BARBECUES
WOUHOU!
TRIBUNAL!
« T'ES DANS LA MERDE »
COUPES AU BOL LOW COST
Beaux-Arts
LE FLORIDE
FIN DE SOIRÉE
« LES PORTES DE L'ENFER »
CIRCASSIENS
SOLILAB
RIEN
RE RIEN

Glande

« OYÉ MENUAILLE DE NANTES, VENUE VOIR ESTRILLER CE CHIABRENA POUR AVOIR RAPINÉ LA FILLIOTE DU ROI. POUR SON MÉFAIT, IL SERA ESTOURBI DANS LE TOBOGGAN CONSTRUIT JADIS PAR CONAN LE TORT. SEUL LE GREDIN CARDINAL DE RETZ RÉUSSIT À S'ÉCHAPPER PAR LE TUNNEL LORS DE L'EXPOSITION DE 1903... »

sieste dans les douves du château

↳ *Le LU, encore une entreprise qui a déserté la ville. Parles-en à Tariec, à la page* ***44****.*

↳ *Le guide du château n'y connaît rien. Qu'il révise la page* ***45****.*

↳ *La sieste « dans » l'herbe t'a assommé·e. Concentre-toi pour te rendre à la page* ***47****.*

Le vieux Breton

« Les chantiers Dubigeon ! 227 ans d'histoire nom de Dieu !!! Tout ça pour fermer en 1987 ! Et tu me parles d'une société qui va bien ? Foutage de gueule ! » Encore sous le brouillard de gaz lacrymogène, tu discutes à la terrasse du Chien Stupide avec Tariec, ancien ouvrier breton des chantiers navals.

D'un coup, devant vous, un innocent hippie se fait plaquer au sol par un CRS. Tariec s'indigne ! « Non mais regarde-moi ça, c'est une honte ! Prendre les coups aussi mollement. En 68, quand j'étais chez Sud-Aviation, on a fait grève avec nos amis agriculteurs et les étudiants. On avait pris la place Royale. Sept heures de bataille de rue ! On tombait pas à terre comme ça. »

↳ *Pfioulalala, il te fatigue déjà le vieux. Gare à ce qu'il ne te suive pas à la page* ***47***.

Le vieux est en roue libre. « C'est comme mon voisin le Vendéen, avec son toit en tuile canal ! Tu te rends compte ? Feignasse de ventrachoux ! Qu'il retourne vivre sous la Loire ! Il aurait pas tenu une semaine chez Dubigeon ! On savait bâtir nous, à l'époque. Même l'impossible ! Nous avons fait le *Belem*, plus vieux voilier encore en activité aujourd'hui ! Des sous-marins de la flotte française, des trois-mâts et j'en passe ! Ce sont quarante et un navires spectaculaires qui prirent l'eau sous notre étendard, parbleu ! Et voilà le résultat : nos ateliers, pleins de camaraderie, de sueur et de sang, ont été envahis par des « artistes » décolorés et des enfants ! Ils déambulent dans nos hangars, sans savoir ce qu'on y faisait, juste pour regarder défiler des animaux en tôle ! »

↳ *Manifestement, Tariec a l'air en forme. Propose-lui de t'en raconter plus, page* ***45***.

Histoire

TRADITIONS – Au XVIIIe siècle, grâce à la traite négrière et aux chantiers navals, Nantes était le port français le plus important. Pour en savoir plus, visite l'exposition « Bâtisseurs de navires », à la Maison des Hommes et des Techniques, ou discutes-en avec Tariec à la page **47**.

GÂTE(A)UX – « Ouh, ça sent le Petit Beurre chaud en ville, il va pleuvoir. » Mamie déraille un peu… l'usine LU a fermé en 1986. Fais-lui visiter le Lieu unique et monte avec elle au sommet de la tour de 38 m pour admirer la vue panoramique. Grâce au Gyrorama, tu localises la meilleure terrasse de la page **47**.

FAKE NEWS – Ce n'est pas Anne de Bretagne mais bien le Comité d'Études et de Liaisons des Intérêts Bretons (CÉLIB) qui instaura, en 1950, la gratuité des routes pour désenclaver la seule région de France non pourvue d'autoroute. Tu devrais expliquer ça à Gwenaël le Tyzef, bloqué dans le **Brest Safari**.

MIGRATIONS – En l'an 1994 de notre ère, une tribu nomade provenant d'Afrique s'installa près des rives du lac de Grand-Lieu. Ils vivaient torse nu et appelèrent leur village « Bamboula » car ils aimaient les petits gâteaux du même nom. Bon, en fait ils étaient payés par les fabricants de ces gâteaux… Le village disparut, comme son inventeur, à la page **82**.

Le saviez-vous ? Les Namnètes, peuple gaulois, ont donné leur nom à la ville. Mais ce ne sont pas eux qui construisirent la grue Titan.

samedi soir

Que tu sortes du boulot, reviennes de la plage ou du shopping, voici ton moment préféré de la journée : l'apéro.

↳ *Ah oui, mais non. J'aime ni l'alcool ni les gens. Hum, va directement à la page* **62**.

↳ After-work, *expos, culture ou alors tu n'as tout simplement pas d'argent ? En route pour la page* **48**.

↳ *Tu adores les histoires de Tariec ? Ne le fais pas attendre, il te donne rendez-vous à la page* **50**.

↳ *Tu as manifesté avec Sandra et Damien. « Crac Pssshhh », le débat continue jusqu'à la page* **59**.

18 h

FAUCHÉ·ES – Ce soir c'est le grand soir. Le grand voyage. La déesse CAF doit être honorée car les APL sont tombées ! L'odyssée mensuelle qui vous mènera vers la sainte cuite étudiante débute au Vestiaire, le bar aux pintes les moins chères de Nantes. Procédez aux grandes libations sacrées au moins jusqu'à la page ***52***.

ADO – Il est tellement beau lorsqu'il skate, les muscles saillants, la sueur coulant sur son corps bronzé... Mais il ne te regarde pas, toi, assis·e sur les marches du carré Feydeau au milieu des adolescents sirotant du Coca Cola. Le problème est que trois décennies vous séparent. Heureusement que tu seras déjà mort·e à la page ***78***.

CHIC – Tu rejoins ton ami Jean-Bapt, Parisien fraîchement débarqué, au POL'n, pour le vernissage de « L'art est-il un art ? » Tu dis : « c'est très puissant, ça interroge. » Puis tu manges un petit-four. Avec tous ces ~~pique-assiettes~~ étudiants des Beaux-Arts qui traînent autour du buffet, tu risques d'avoir encore faim à la page ***50***.

MOINS CHIC – Bah je pensais que c'était un mur d'expression libre, j'ai écrit « Fuck le chouchen » sur la toile. Tu n'as rien compris à l'exposition « L'art est-il un art ? ». Va trouver l'inspiration à la page ***49***.

Le Landru

Oui, Landru était un meurtier. Oui, Graslin c'est bourge. Oui des fois, quand tu es à la terrasse, un vieux en Mini Cooper recule directement dans ta table. Mais c'est pour ça que tu aimes Le Landru. C'est ton bar, ta seconde maison. Thierry, le patron, c'est comme ton tonton rockeur qui met Simon & Garfunkel à Noël. La déco, c'est comme chez mamie Suzanne mais avec un comptoir en zinc. Et avec mamie qui servirait des verres de muscadet. Et avec Mamie qui t'encouragerait à squatter un immeuble pour organiser un concert de 72 heures d'affilée. Tiens, c'est décidé, tu aimes tellement ce bar et le patron, que tu lui écris une lettre d'amour sur le mur des toilettes :

Thierry,

Tu ne me connais pas, mais moi je connais tout de toi. Tes beaux cheveux poivre et sel, ton look de rocker, m'émoustillent le coeur. Lorsque tu portes tes lunettes de soleil, mon esprit s'embrase, j'espère secrètement que tu me regardes. Sans le savoir, ton regard ténébreux s'infiltre au plus profond de mon corps, meurtri par mon éternelle attente d'un signe, d'un geste, d'une parole ou d'un baiser de toi...

Je t'aime

↳ *Ah oui quand même... Calme tes ardeurs, change d'air et refroidis-toi un peu à la page* ***50***.

20h

5ᴱ E – Les petits fours du vernissage ne t'ont pas comblé·e. Pas grave, tu vas te régaler dans une salle de cours : La Récré'. Jean-Bapt te propose une partie de Puissance 4 le temps que la commande arrive. Tu gagnes, il paie l'addition. Bip. Texto de son amie Marie-Christine, rejoignez-la page ***52***.

FUCK LE BURGER – « Fort comme un poisson ! » Voilà ce que tu répètes à tes enfants. Tu les emmènes donc dîner à La Cabane, restaurant de qualité et de produits frais. Le service est impeccable et Camille, la patronne, est d'enfer. Tu l'aimes secrètement. Elle vaut au moins 1 000 requins. Fais-lui honneur. Sois fort·e pour ta future mission de maire à la page ***61***.

MOYEN MAN – « On va où ? Je sais pas... Au Perrok' ? On prend quoi ? Je sais pas... Une bière ? » Cinquante deux samedis par an, tu te poses les mêmes questions auxquelles tu as les mêmes réponses. Innove à la page ***51***.

À QUAI – « Non mais merde Lolo, tu me comprends toi ? T'as été syndicaliste, comme moi ! » Et en effet, Lolo, le patron de La Perle, comprend Tariec. Toi aussi. Tariec est ton nouveau mentor. Ton futur premier adjoint. « Sers-nous un muscadet fissa, il faut qu'on mette du fioul dans la cambuse et après on lève l'ancre. On a à faire ce soir, un grand plan pour Nantes. » De quel plan machiavélique parle-t-il ? Suis-le à la page ***56***, ou esquive-toi à la page ***52***.

21h

DISTRAIT·E – « Ah je me disais bien que c'était pas comme sur les photos. Ce chemin en terre me semblait un peu étroit pour être le cours des cinquante otages. Et puis je trouvais pas le château. Bon, ça arrive de se tromper, je n'ai jamais été très fort·e en géographie. Bonne journée. » Pas fort·e en géographie, ok, mais de là à faire une erreur de 5 200 km et se retrouver à Nantes au Canada... tu es le Christophe Colomb des temps modernes. Pars en expédition vers la page **82**.

FATIGUÉ·E – Tu t'es levé·e à 6 h ce matin pour faire toutes les visites de la ligne verte. Trente-six lieux à voir sur 15 km. Tu es HS, rentre chez toi pour être en forme demain à la page **61**.

CINÉMA – « Lionman est une sorte de Tarzan turc des forêts, doté d'une force extraordinaire, mi-homme mi-lion ! Il terrasse ses adversaires à grand renfort de trampolines et de cris qui tuent, se promène de liane en liane, déracine un arbre qu'il lance sur ses ennemis et terrasse une vache d'un coup de poing ! » La présentation du Katorza t'a convaincu·e. Tu files à l'absurde séance et tu débriefes à la page **56**.

RESTO – Tu manges un succulent et chaleureux repas avec maman à La Table de Yo. Tout est frais, avec de nouvelles recettes chaque jour. Maman parle de son chien Kiki et de ses promenades sur le square Canclaux. Toi, tu penses à ce que tu vas faire à la page **52**.

22 h

MOÏSE – Vous avez ouvert la mer de vin rouge de la rue Kervégan pour rester finalement bloqués dans l'étroit couloir du Tiki bar. Vous n'échapperez pas à la pluie de *shooters* ! Remotive tes troupes pour la traversée de la Loire et l'arrivée sur l'Île de Nantes. Ça va tanguer jusqu'à la page **58**.

PERCHÉ·E – « Je suis au nid ! Viens, il y a de la soupe de champagne ». Accompagné·e de Jean-Bapt, tu retrouves Marie-Christine au sommet de la Tour Bretagne pour une soirée VIP. Élégamment lové·e dans ton fauteuil en forme d'œuf, tu profites de la vue pour trouver votre destination de la page **56**.

7 % – Tu joues avec tes amis à la Bonne Paye chez toi. Mais à chaque fois que tu lances le dé, il finit au fond de l'appartement. Maudit immeuble penché de l'Île Feydeau ! Tu as d'ailleurs dû investir dans une gazinière spécial bateau. Accroche-toi bien au lit jusqu'à la page **61**.

BAR DE QUARTIER – Être au Brocéliande, c'est comme être chez toi mais en mieux. Tu as plus d'amis de tout âge, plus de bières, dont celles de Charlotte. Tu as même un chat qui te tient chaud quand tu es sur la terrasse. Mais ce soir tu ne dormiras pas ici, tu dois sortir avec ton ami·e à la page **54**.

Joffre
LE BROCÉLIANDE
AAAAAAH
PIZZA
TABAC
LA MAISON CAFÉ
BARBE A PAPA
BARS
BARS
KEBAB
jackpot
RESTO
LE BAROUDEUR
ÉPICERIE
BARS
DYNAMO
POMME D'AMOUR
360 XTRM
MANÈGE DE LA MORT!
CHURROS
BY NIGHT

Culture Bar-Bars

Pour toi, la culture, c'est un peu dans les musées, un peu au Zénith, mais beaucoup dans les bars. Alors quand ton amie Jeanne-Marie, qui n'a qu'une connaissance théorique de la fête, veut sortir, tu lui proposes de participer au festival Culture Bar-Bars. Durant trois jours en novembre, tu bats ton record de pintes renversées dans le dos de quelqu'un qui danse devant toi, tout ça dans la bonne humeur. Comme ils disent : « Boire oui, mais pas comme un con ! »

« Alors ça, c'est le Baroudeur, un bar de voyageurs. Tu vas commander au comptoir, parler avec les personnes à côté de toi, regarder l'expo au mur et bouger ton corps au son du concert de rock québecois. Ça s'appelle : danser, échanger et passer un bon moment ». Ton amie apprend même la géographie mondiale grâce à la carte des *shooters*. Elle n'a pas l'air d'aimer. Mon dieu ! Elle ne va pas se décoincer ?! Tente une énième fois ta chance avec elle à la page **57**.

Une étape à La Ribouldingue s'impose. Vous faites une partie de flipper endiablée et vous dansez au son de vos 45 tours préférés. Sur *Made in Normandie* de Stone & Charden, ton amie découvre « la joie et la légèreté ».

Possédée par la musique mais fatiguée, tu l'emmènes au Briord pour écouter un groupe utilisant une scie musicale et un cajón. Prenez un coup de fouet énergisant avec le fameux Tiki, *shooter* aux vertus magiques, afin de tenir jusqu'à la page **56** (attention à la surdose médicamenteuse).

Le saviez-vous ? Le collectif Bar-Bars regroupe 400 lieux qui font la promotion des artistes, de la musique et des concerts *live* dans les bars.

Minuit

À QUAI – Accoudé·e au comptoir de... La Perle, Tariec prépare ton programme : « J'ai encore les clés des hangars nom d'un biniou ! Donne-moi un crayon de bois et une clé de 12 et je bricole un gros projet pour Nantes. On va piquer l'éléphant en tôle ! » Tu dis banco ! « Lolo, remets la petite sœur, on est pressé·es, on décolle pour la page ***58***. »

RÉTRO – Tu n'es pas au LU pour le concert d'éléctro bretonne. Tu veux juste profiter de la cohue pour voler les boîtes cachées lors du Grenier du siècle. Le principe : 10 000 objets déposés en 1999 qui attendront 2100 avant d'être à nouveau accessibles. Persuadé·e de trouver de l'or mais saoul·e, même un Walkman te rendra heureux·se. Continue gaiement ton délire psychotique jusqu'à demain, à la page ***66***.

TOURNIQUET – « Bouhouuu, je suis perdu·e... » Tu enlaces cette créature égarée dans le Pickwick. Il est vrai qu'avec ses couloirs et ce bar central, tu as vite fait de tourner en rond. Noblement, tu le/la raccompagnes chez lui/elle. Profite du moment pour lui faire des avance à la page ***57***.

SINGSTAR 44 – Au karaoké du John McByrne, tu es la personne qui chante toujours Tri Yann, par respect au groupe français ayant la plus grande longévité (49 ans !). Pars avec la jument de Michao à la page ***58***.

Drague

COOPTATION – Après cinq rendez-vous, tu as le droit de frôler la main de Jeanne-Marie. Tu pourras peut-être coucher avec elle après la validation de son père Jean-Antoine et de son frère Hervé-Guy ? Pfff... quitte le site « gens de confiance » et pars vivre l'aventure à la page **59**.

MÉLANGE – « Tu es mon petit Lu à moi. Et ses cinquante-deux petites dents sont les cinquante-deux semaines de plaisir qu'on vivra ensemble. Ça te dit de manger d'autres biscuits dans une grande boîte de gâteaux ? » Il/elle sait y faire pour te faire rougir. Tout émoustillé·e, tu l'accompagnes au sauna coquin l'Orchidée noire. Tu seras très détendu·e à la page **61**.

ENDOGAMIE – « Sniff, sniff... » Accoudé·e au comptoir du Louis Blanc, tu consoles ton amie. Elle a couché avec toutes les lettres de l'alphabet : Armand, Babacar, Clément... mais ils étaient tous architectes. Tentez un nouveau bar à la page **58** pour mélanger vos gènes. Sinon, changez de ville, page **83**.

TRENTE-CINQ – Marre des Nantais doux, de la politesse... Tu veux de l'action, quelque chose de dangereux. Un mec sale, qui sent l'alcool. Ce soir tu chopes un Rennais dans la rue ! Attends la page **58**, les proies devraient être faciles à attraper.

TERRE PROMISE – Vous avez vaincu les Titans et les cercles de feu le long de la Loire mais vous voilà devant le plus grand danger : les sirènes des hangars. Ne vous laissez pas envoûter par les douces mélopées d'électro-salsa. Ne déviez pas de votre quête, oubliez l'exam de mardi. Partez affronter les démons de la nuit dans leur antre. Bienvenue à la page ***59***.

LUMIÈRE – Perdu·e, tu regardes dans le ciel. L'étoile du berger te guide vers... Le Dynamo Café. C'est ton phare dans la nuit. Tu es ici chez toi. D'ailleurs tu ranges les clés de ta Clio et ton téléphone portable dans le cendrier de l'entrée. Pense à les récupérer demain, après ton réveil à la page ***61***.

PETIT COIN – Tu pisses dans l'uritrottoir de la rue du Moulin. Ça fait pousser les plantes. Tu es heureux. Mais comment peuvent faire les filles ? En voilà une piste pour le Nantes du futur que tu imagines déjà à la page ***80***.

INSPIRATION – « Ha ha ha regarde-moi fils, je suis en train de danser sur un calamar géant. » Tariec a bien quitté La Perle mais le chemin semble encore long vers votre grand projet de futur·e maire. Bah, tant pis, rejoins-le en haut du Carrousel des mondes marins. Demain est un autre jour. L'important c'est d'être prêt·e pour la page ***61***.

Un escalier de fer, un couloir étroit et obscur... Au fond de ce couloir une porte entrouverte, d'où nous parviennent les accords d'une musique, qui en ce lieu paraît irréelle...

Boom boom boom... Les basses te font vibrer entièrement le corps, au point que tu n'arrives même pas à lancer les dés qui dévoileront si tu dois payer ton entrée ou non.

Perdu ! Tu payes.

Te voilà maintenant dans le monde magique du Floride, où tout le monde est le bienvenu. Tu as l'impression de voir les gens sous un filtre Snapchat : ils sont lisses, les traits sont tirés. Leurs yeux sont écarquillés comme ceux des lémuriens. « Oooh que c'est beau, j'adore la texture du sol, je vais me coucher un peu là, à côté des poules. » Pas d'inquiétude, le lieu est installé sur un ancien cimetière indien-breton. Ton corps sera doucement transporté vers chez toi par des mouettes royales. Profite tout de même du voyage page ***66***.

dimanche matin

En fonction de ton humeur au réveil, choisis ton programme de la matinée :

↳ *Tu as été très sage hier soir, tu es prêt·e à te rendre en pleine forme à la page* ***62****.*

↳ *Tu es soucieux·euse car demain tu es le/la nouveau/elle maire de Nantes. Trouve des idées à la page* ***64****.*

↳ *Ah mais c'est déjà le matin. Entre trous de mémoire et mal de tête, tu te réveilles difficilement à la page* ***66****.*

Matin plaisir

Oui, bien sûr, tu aurais pu faire ton jogging ou ton entraînement d'aviron sur l'Erdre. Ça aurait été idéal d'aller voir la dernière exposition au Musée d'arts de Nantes. Tu t'étais également juré·e de rejoindre Hitochi pour la cérémonie du thé au jardin japonais de l'Île de Versailles. Oui mais voilà, c'est dimanche matin ! Et le dimanche matin tu vas faire ton marché à Talensac. Un point c'est tout.

↳ *Ouh là, non ! Tu ne feras jamais d'infidélité au marché de la Petite Hollande. File à la page* ***64***.

Tu as tes stands préférés : la fromagerie Beillevaire et son rocher nantais. Le pâtissier Vincent Guerlais et ses fameux P'tit Beurre bien plus gourmands que les originaux. Ton moment préféré ? Découvrir la disposition des camelots à l'extérieur. Quand tu penses qu'ils tirent au sort leur emplacement le matin même avec des jetons.

↳ *FAUX ! Tu sais très bien que c'est la cigogne géante de la Tour Bretagne qui choisit les emplacements. Tu l'as vue tout à l'heure page* ***66***.

Ta madeleine de Proust ? Le café à la terrasse du Parisien. Café qui appelle souvent un petit verre de muscadet d'ailleurs. Tu discutes avec tes amis en partageant un bout de gâteau nantais. Ils te demandent où en est ton projet pour Nantes et là tu t'écris : « Bordeeel ! c'est ça que j'avais à faire ce matin. Trouver une idée pour quand je serai maire de Nantes, demain ! » Bon, un dernier verre de Gros-plant puis tu files au bord de l'Erdre réfléchir à ta conférence de presse, page **70**.

LA TOUR
Les bords de l'ERDRE
BOIRE SON CAFÉ EN TERRASSE
POISSONNERIE
Boucherie
Fleuriste
MARAÎCHER
FROMAGERIE
LE MARCHÉ
- DE TALENSAC -
JEUNES PARENTS
POUSSETTES
GROUPES D'AMIS
TOURISTES
RETRAITÉS

Le quai de la Fosse

Bon, c'est pas tout ça, tu as un projet à trouver pour Nantes. Tu es bientôt maire et tu as décidé d'être le/la maire des opprimés, des petits, des honnêtes gens écrasés par le système. Tu es donc sur le quai de la Fosse, de bonne heure, à la recherche de nouvelles idées.

1 Ouvrir le marché de la Petite-Hollande le samedi et le dimanche matin ? Ce serait bien parce que là il n'y a personne.

2 Agrandir La Trinquette pour multiplier par six le nombre de verres de muscadet en terrasse ? Oui, pourquoi pas.

3 Installer une halle en bois pour abriter de la pluie les stands de vêtements africains et les migrants ? Oui, ce serait bien.

4 Réinstaller un port pour le transport de la production nantaise de salade dans la France entière ? C'est dans l'air du temps.

Te baladant les mains dans le dos, en pleine réflexion, tu tombes nez à nez avec Jean-Charles, le mari de Marie-Christine. Tu avais complètement oublié de le retrouver lui ! Béh, il faisait quoi là ? Il s'était « égaré » mais a été recueilli chez quelques filles de joie… Eh oui, ils sont malins ces bourges. Ils s'installent près de l'ancien port et de tous ses plaisirs. Et ça lui a fait du bien. Il t'annonce : « Madame/Monsieur le/la futur·e maire, la vie, c'est le mélange, la mixité ! C'est ça Nantes. On joue collectif. Je pars boire une bière avec les jeunes sur les bords de l'Erdre pour discuter. Tu viens ? »

↪ *C'est n'importe quoi cette histoire. Mais les bords de l'Erdre, c'est sympa alors pars vers la page* **70**.

↪ *Vrai de A à Z ! Tu suis Jean-Charles à la page* **70**.

MIGRATION
Bourges
PUTES
MIGRATION
SEX
BARS
MÉDIATHÈQUE
LE VERRE DE VIN
BLANC LE SAMEDI MATIN
LA TRINQUETTE
BARS
fnac
POUR ACHETER
DE LA DROGUE
LASCARS
RELOUS
ANCIENS
ESCLAVES
MARCHÉ AUX
BOUBOUS AFRICAINS
Migrants
H
Etudiants

Matin hallucinant

« Tu ne me croiras jamais !!! Je me suis réveillé·e sur un banc de quatre mètres de haut, impossible de descendre ! Alors que j'essayais de deviner comment j'avais atterri là, tout m'est revenu en *flash back* : y avait l'araignée géante qui essayait de me manger mais elle a été écrasée par un éléphant. Après y a eu ce problème avec les immeubles qui devenaient penchés. J'ai essayé de les redresser mais bon, c'est pas facile. Puis là, j'ai volé au dessus d'une grande ligne verte, très haut. J'ai vu des œufs au plat géants. Probablement ceux pondus par l'oiseau qui dormait à côté du banc. Et puis je suis rentré·e. J'ai vu Jean-Marc Ayrault dans un van. Il m'a pris·e en stop. »

↳ *Tout ça te semble incohérent… Passe cinq minutes par la page **82** et reviens ici, les idées plus claires…*

Bon, c'est pas le moment de te parler seul·e devant ta glace et d'être touné·e vers le passé. Il faut aller de l'avant ! Ce matin, c'est Gloria, ton *after* favori. Un dimanche par mois, tu te rends au Macadam à Chantenay pour continuer la fête de 7 h à 22 h. Pour rien au monde tu ne manquerais cette ambiance paillettes, maquillage et musique techno. Alors tu te sers un café/Baileys pour te relancer et tu te refais une beauté.

↳ *Tu es superbe, tel un noble aigle de nuit. File rejoindre tes amis à Gloria, tu dormiras plus tard à la page **82**.*

↳ *Tu as l'air d'un hibou blessé. Peut-être que faire une sieste sous le soleil des bords de l'Erdre t'aiderait à récupérer. File à la page **70**.*

les animaux nantais

REV

ERDRE

Les bords de l'Erdre

Pfiouuuaaa, les bras grands ouverts, tu ressembles plus à Patrick l'étoile de mer qu'à un être humain. Mais c'est normal, on est dimanche, tu es avachi·e quai Ceineray, le long de l'Erdre. Et chaque dimanche, tu te plantes quelques heures au soleil, comme de nombreux autres Nantais. Les touristes louent des petits bateaux, les familles se promènent. Au loin, sur le cours Saint-André, tu entends la fête foraine qui bat son plein. Tout ça à côté de l'une des cinq statues de Louis XVI qui conservent encore leur tête en France.

« Bon, bon, bon... Des idées pour Nantes. Ma conférence de presse de demain matin... » Pas facile de travailler quand tu sais que la guinguette du Bateau-lavoir ouvre à 16 h et que le pont se transforme en piste de danse. Tu imagines ce que devaient être les bords de l'Erdre il y a 200 ans, lorsqu'il y avait encore quarante-six bateaux-lavoirs sur les quais. Quelle époque ! La vie ! La vraie ! Ça te laisse songeur·euse. Ce vieux Tariec a dû connaître cette époque. Tu lui passes un coup de fil :

— « Allo Tariec, dis-moi, de ton temps, tu...

— Ah pas le temps de jacasser, rejoins-moi de suite devant le *Maillé-Brézé*. J'ai une surprise ! Je peux rien dire de plus. »

↳ *Connaissant le vieux de loup de mer, il est sûrement en train de faire une connerie. Rejoins-le vite à la page* ***74****.*

↳ *Connaissant le vieux de loup de mer, il est sûrement en train de faire une connerie. Mais ça ne t'intéresse pas ! Réponds plutôt à la sympathique invitation de ton ami Jean-Bapt à la page* ***71****.*

Marin d'eau douce

« J'ai pris les gilets de sauvetage et les cirés, papounet. » Invité·e pour la journée, tu es impressionné·e par l'organisation à bord. Toute la famille de Jean-Baptiste est sur le qui-vive pour préparer sa « grande traversée » sur l'Erdre. Gilets enfilés, vous partez en mer, depuis l'Île de Versailles, où est amarré le *Nantais volant*, propulsé par un fameux Yamaha 15 CV, pour quatre places assises.

« Le visage constamment attaqué par l'iode, ce n'est pas facile tu sais. Ressentir la faiblesse de l'homme face à la force de Poséidon, subir les assauts violents de Dame Nature, ses vents féroces. Mais ce qui compte, c'est la liberté qui… »

↪ *Mais quelle arnaque ce Jean-Bapt ! Toi tu es un pirate de l'Erdre ! Jette toute la famille à la baille et vole le bateau pour rejoindre Tariec à la page* **74**.

Arrivée face au canal Saint-Félix, l'expédition se complexifie. Jean-Bapt se bat avec la barre, pendant que son fils Richard tient une lampe verte et rouge dans chaque main, ce qui vous vaut quelques railleries des badauds restés sur la terre ferme. Quelle famille de marins ! Passé le pont Tbilissi, face à vous, le grand large, « l'océan de la Madeleine », comme l'appelle Jean-Bapt. Il est temps de faire demi-tour. L'expédition navale aura duré dix-huit minutes.

↪ *Ces aventures t'ont enthousiasmé·e. Tu veux prendre le large vers de nouveaux horizons, vers la page* **73**.

↪ *« Sacré Jean-Bapt ! Et si nous allions nous encanailler dans une bonne partie de boules nantaise. Mal de mer assuré, ha ha ha. » Continue l'aventure à la page* **72**.

Les cosinus et les sinus ne mentent pas ! Si le calcul de trajectoire de Jean-Baptiste est bon, il est sûr de gagner. Il s'élance, la boule monte à droite, redescend à gauche puis vient s'échouer à dix centimètres du cochonnet. Maudit Jean-Bapt ! Mais ce n'est pas le moment de douter ! Vous êtes à égalité et vous jouez la boule de match aux Ptits Joueurs.

Tu as pris l'initiative de ne pas réfléchir. C'est l'instinct qui te mènera vers la victoire ! Tu t'élances, tu glisses, ta boule roule de droite à gauche, elle tape dans une autre boule qui tape dans le mur du fond, qui revient, qui pousse le cochonnet, qui se déplace vers ta boule, à cinq centimètres ! Tu as gagné ! Hurlements de victoire ! Les vieux habitués te regardent curieusement. Tu en profites pour avancer ta conférence de presse et annoncer :

↪ *« Je crois à la spontanéité nantaise. Soyons encore plus spontanés et libres ! Suivez-moi vers la page* ***78*** *! »*

↪ *« Faut arrêter les conneries ! Un terrain de boules, c'est plat ! Si on n'arrive pas à redresser les terrains, je crains le pire. » Tu avais raison... Tremble devant la page* ***79****.*

Ouf ! Tu as eu chaud. À deux minutes près, tu ratais la navette vers Trentemoult. Tu aurais dû attendre 10 minutes à quai... Pour te remettre de tes émotions, tu montes sur le pont supérieur, à la proue du navire et tu souris béatement, les cheveux au vent, en observant le bateau avancer paisiblement sur la Loire. Sept minutes plus tard, te voilà dans ce petit paradis coloré de :

Pour toi, tout Nantes devrait ressembler à cet ancien village de pêcheurs. D'ailleurs, en tant que nouveau maire, tu feras ta conférence de presse ici-même demain pour annoncer que : « Nantes sera comme un week-end joyeux sans fin. »

↳ *« Et d'ailleurs, je souhaite que tout le monde devienne encore plus créatif et donne davantage de temps pour la collectivité. » Contemple ton œuvre page* ***79****.*

↳ *« Et je vais déplacer la mairie ici ! J'abandonne le centre-ville à ses habitants ! Contemple ton œuvre à la page* ***80****.*

« Bouge-toi le cul tonnerre de merde, monte ! » crie Tariec, installé à la barre du *Maillé-Brézé*. C'est un peu le flou artistique dans ta tête. À quatre heures du matin, il a décidé de voler le contre-torpilleur « musée » de 132 m de long ! Pas un marin d'eau douce l'ancien ! Pas la peine de réarmer les canons, vous voulez juste aller faire un tour.

Malgré le danger, Tariec semble heureux, ses yeux sont ceux d'un enfant un 25 décembre... « J'ai une petite surprise pour toi, pour ta conférence de demain. Là, sous la bâche, regarde... » Tu ne l'avais même pas remarquée, cette immense bâche sur le pont. Tu la soulèves et là : Oh surprise !

↳ *Ouh là ouh là ouh là, tu n'aimes pas les surprises. Et tu veux pas finir en taule ! Descends à quai et prends plutôt une navette qui t'emmènera à la page* **73**.

L'éléphant ! Tariec a volé l'éléphant !!! S'emparer du *Maillé-Brézé*, c'est grave, mais alors l'éléphant, c'est plus suicidaire que le saut depuis le pont transbordeur de Willy Wolf en 1925 ! Vrooommm. Tariec met les gaz. Le navire vibre, gronde et se met en route lentement vers l'horizon. Une fois passé le pont de Cheviré, le Breton se dresse fièrement sur la proue. Cheveux au vent, son visage s'illumine, il chante :

« Naviguant dans le port de Nantes ou la ou la la la
j'ai rencontré la plus charmante, Pique la baleine, Jolie baleinier,
Pique la baleine, allons nous coucher... »

↳ *Tu as les larmes aux yeux. Deviens son frère/sa sœur d'armes. Voguez et mettez le cap sur la page* **79**, *cap'tain !*

↳ *Il te promet tout de même de te redéposer à quai le lendemain matin pour ton discours officiel, à la page* **77**.

Lundi, 8 h 30, devant le château des ducs de Bretagne, il y a 2 000 personnes, surprises mais émerveillées, qui s'écartent devant ton passage. Faut dire qu'arriver sur le dos de l'éléphant, ça en jette ! Armé·e de ton écharpe tricolore, tu fais barrir le pachyderme mécanique autant que tu peux et tu asperges la foule à grands coups de trompe. Tout le monde est enthousiaste. Ça leur rappelle les Géants de Nantes. Il est temps pour toi de faire ton discours :

« Chères Nantaises, chers Nantais, il y a encore deux jours, je ne connaissais pas bien la ville. Je pensais que les habitants s'appelaient des Nantois et que le FC Nantes était une marque de vêtements jaune fluo. Je vivais dans un train-train routinier. Toujours le même quartier, le même bar, le même marché, les mêmes amis. Eh bien, mes chers concitoyens, tout cela a changé. Je suis une nouvelle personne. J'ai appris... J'ai beaucoup appris durant ce week-end. Nantes est une ville de luttes, une ville accueillante, une ville qui donne envie. Mais n'enfermons pas Nantes dans une image. N'oublions pas notre passé, notre histoire ouvrière, n'oublions pas nos voisins, notre spontanéité. Nantes ne doit pas devenir une sage aventure urbaine. C'est pourquoi j'ai décidé de libérer l'éléphant et de le faire marcher jusqu'à Clisson ! Car Boubou, c'est son prénom, aime la campagne et le hard-rock. Il dansera au Hellfest. Pour mon programme municipal, je déciderai ce soir, autour d'un verre de l'amitié, au Santeuil. Et je proclame qu'aujourd'hui, toutes les écoles et les entreprises sont fermées ! Faisons la fête. »

↳ *Boubou marche à travers la foule qui l'acclame. Les enfants scandent ton nom. La journée va être folle, surtout quand tu vas passer à la page* **76**.

La Beaujoire

Santeuil Café

« Et c'est pourquoi j'ai choisi le Santeuil Café pour ce verre de l'amitié. Il incarne le passé de Nantes, avec ce minitel ou ce puits menant dans l'ancienne prison. Mais aussi le futur avec ce Canari Sunrise, concocté par Matthieu, vainqueur au Bartenders Society en 2017 ! Et je vous rappelle que pour chaque cocktail acheté, un euro revient à l'association Madame S en faveur de la lutte contre le cancer du sein ! »

En trinquant, tu annonces fièrement : « Vive Nantes, vive le Santeuil Café, vive le Cotton quiz, vive la liberté ! »

« Clap, clap, clap » Un homme élégant t'applaudit. C'est Jean Blaise ! Le mythe du Voyage à Nantes est venu te voir. Il te tend une boite qui contient : les clefs de la ville ! Tu as réussi. « Balance la musique dj ! Marie-Christine, Tariec, on danse ? »

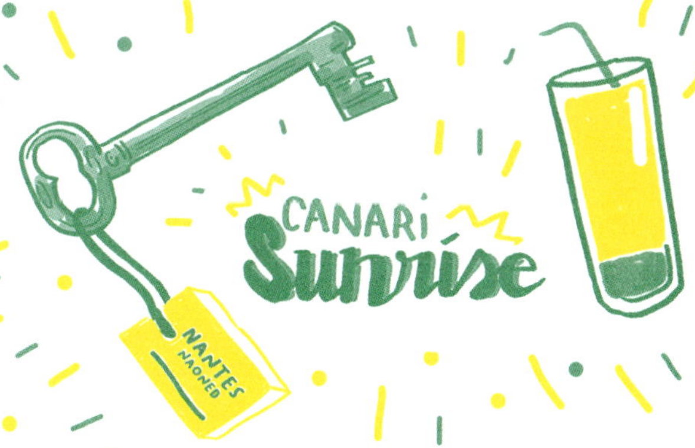

Fin

Fin

2044

WONDERLAND

Fini le tram. Pour aller travailler, tu te déplaces à dos d'éléphant bleu puis tu sautes sur un trampoline rouge pour monter dans ton bureau : une cabane verte en bois dans un arbre jaune. C'est chouette. Très chouette. Mais l'odeur du sans plomb 98 et de la gomme de pneu chauffée te manquent parfois. Pars en cachette passer quelques week-ends en moto dans le 85.

Fin

2044

SAINT-NAZAIRE PARTOUT

Depuis le vol de l'éléphant, rapatrié à Saint-Nazaire par un certain Tariec, la notoriété de Nantes n'a fait que décroître. Et cela fait maintenant dix ans que la cité des ducs est sous tutelle de la ville portuaire numéro un mondiale. Les nobles ouvriers nazairiens adorent passer un week-end à Nantes voir des spectacles de rue. Ça leur rappelle la fragilité de l'homme face à la nature.

Fin

2044

ZAD PARTOUT

Nantes a été transformée en ZAD géante. Chacun est libre de s'approprier des terres ou des logements. Et Damien devrait bientôt parvenir à transformer l'eau en bière pour vivre éternellement. Alors bien sûr, quand Petit nuage et Stylo argenté ont décidé de vivre dans ton salon, c'est un peu embêtant mais bon, on joue collectif.

Fin

2044

SOULÈVEMENT DES MACHINES.

Tout le monde adorait Boubou l'éléphant. Mais en 2026, la mise à jour de son IA, nommée Skynet, lui conféra une autonomie jusqu'ici inconnue. Deux semaines plus tard, toutes les machines prirent le contrôle de la ville. La population fut contrainte d'aller vivre sur l'Île de Nantes, rebaptisée avec humour par Skynet : « l'Île aux humains ». Et tous les jours, tu dois faire un spectacle pour amuser Boubou et ses éléphanteaux-robots.

Fin

Perdu

DURE JOURNÉE !

Une chute à vélo sur le cours des 50 otages ? Un bras coincé dans la porte du tram ? Des erreurs ou de mauvais choix ont causé ta perte. Recommence à la page d'où tu viens.

Par précaution, quelques contacts utiles :
À Plus Taxis Nantes au 02 53 35 38 58
Pompiers au 18
Urgences – CHU de Nantes :
02 40 08 33 33 ou SAMU au 15
Maman : __ __ __ __ __ (écrire ici le numéro)

Fin

Perdu

KENAVO

Non, clairement Nantes n'est pas en Bretagne. Alors que Rennes oui ! Nantes, c'est trop doux, Nantes c'est trop mou. Mais Rennes, c'est « Rock'n Roll city ! » Si si, tu l'as vu dans Wikipédia. C'est décidé, tu t'installes là-bas. Tu reviendras quand même une fois par an pour le *derby* et te venger du très triste 26 mai 2007.

bonnes adresses

De Joffre à Graslin en passant par le quartier des Olivettes, retrouve toutes les adresses conseillées par Tariec, Damien et tes nouveaux amis Nantais !

Olivettes Feydeau

LE COUP DU LAPIN
Un bar brasserie sympa où on peut manger un poulet frites avant de commencer sa soirée.
21, rue des Olivettes
09 83 78 51 17

AU VESTIAIRE
Le rendez-vous des étudiants et des rugbymen nantais, un bar où on peut regarder du sport et où la pinte est à 3 euros.
2, place de la petite Hollande

DESTOCK' VINTAGE
La friperie des Olivettes propose des vêtements à prix raisonnable, il y a même un e-shop.
7, chaussée de la Madeleine

- Besoin d'un petit *shoot* d'Italie ? Va chez **Sale et Pepe**.
  2, rue de Jemmapes – 02 40 47 87 39
- Côte d'agneau ? Poisson du marché ? Va au **Coup Fourré** !
  30, rue Fouré – 02 51 72 31 81
- Concert, expo, conférence ? Va au **Lieu Unique**.
  2, rue de la Biscuiterie
- Va dîner sous des voûtes en pierre au **Transbordeur**.
  9, rue Kervégan – 02 40 35 36 10
- Tu as vu dix fois Gadjo Dilo ? Rejoins tes ami·es au **Chat Noir**.
  13, allée Duguay Trouin
- Un bar de nuit ouvert tous les jours ? File à **L'R de Rien**.
  17, rue Kervégan
- Trop fauché pour les caraïbes, bois un rhum au **Tiki Bar**.
  17, rue Kervégan
- Tu aimes la culture ? Suis le parcours du **Voyage à Nantes**.
  1-3, rue Crucy
- Muscadet, Anjou... ? Fais-toi conseiller à **La cave de Lucia**.
  4 bis, rue de Saverne

PLACE ROYALE
Café La Perle
BOUFFAY
Miroir d'eau
Feydball
Aire de jeu
Le Lieu Unique
Le Voyage à Nantes
IL EST OÙ JEAN BLAISE ?
DES P'TITS LU ! DES PAILLES D'OR !
LU
Au Chat Noir
Le Transbordeur
Au Vestiaire
Le Tiki Bar
L'R de Rien
GLORIETTE - FEYDEAU
Destock Vintage
rue Crucy
rue Émile Péhant
Sale et Pepe
av. Carnot
Les Chants d'Avril
Le Coup Fourré
Le Coup du Lapin
La cave de Lucia
La Récré
BIÈRE PAS CHÈRE
3€
POST-CASCADES
AÏE
LA LOSE...
HÔPITAL
chaussée de la Madeleine
rue des Olivettes
OLIVETTES
quai André Morice
la Loire
Bras de Pirmil

Bouffay

LE CHIEN STUPIDE
Un bon spot pour boire une bière en terrasse sous les érables.
4, rue des Carmélites

LA CABANE
Une cuisse de canard confite… c'est la vie !
26, rue des Petites Écuries
09 81 96 24 95

LE COUCH'TARD
Véritable institution pour les amateurs de kebab, le couch'tard reste ouvert très tard pour satisfaire les papilles des noctambules.
rue de Briord

1 Besoin d'un snack pas trop gras ? Essaye le **Pita Pit**.
29, rue de Verdun

2 Un bar avec du son, descend un godet au **Café du Cinéma**.
8, rue des Carmélites

3 Tu as la phobie des musées. Sirote un verre à **L'Art Scène**.
19, rue du Château

4 Tu cherches une bonne carte ? Fais-toi plaisir **Chez maman**.
2, rue de la Juiverie – 02 51 72 20 63

5 Une bière en terrasse ? Pose-toi au **Perrok'**.
2, rue de la Baclerie

6 Un pub pour arriver à dix ? Filez au **John McByrne**.
21, rue des Petites Écuries

7 Manger en prison n'a rien de cool. Sauf à **La Prison** du Bouffay où on te relâche après le repas.
5, place du Bouffay – 02 40 48 43 18

8 Y'a plus de pain cheri·e ? Enfile ton manteau et va chercher une baguette à **La Boulangerie d'antan**.
19, rue de Verdun

9 Le nom est ridicule mais le bar est cool. Alors teste **La Ribouldingue** pour lancer ta soirée !
33, rue de Verdun

rue du roi Albert
rue de Strasbourg
DECRÉ - CATHÉDRALE
PLACE SAINT-PIERRE
L'artichaut
Galerie Café
rue de l'Hôtel de Ville
SLURP
MIAM
KEBAB
PROVIDENTIEL
Le Couch'Tand
8
Les Caves -
Le Castel
Le Toboggan
1
2
9
Le Caf K
Monsieur Machin
Le Briord
Le Chien Stupide
Le Cercle Rouge
PLACE DU PILORI
3
cours des 50 otages
rue de la Marne
4
6
La Cabane
CHÂTEAU DES DUCS
DE BRETAGNE
Le Bar du coin
Uritrottoir
7
5
Le Shaft
Office de
Tourisme
La Rose des Sables
Miroir d'eau
PLACE DU BOUFFAY
Feydball
PINTES
SHOOTERS
VIN
DÉLICAT
TOUS LES
STYLES DE BARS
IL EST TORDU
LE TERRAIN !
Aire de jeu
SPOT DE GLANDE
OFFICIEL
YOUHOU !
Au Chat Noir
Le Transbordeur
Le Tiki Bar
- MADELEINE -
CHAMP DE MARS

Graslin

CAFÉ LA PERLE
Le Café est tenu par Lolo, une figure locale qui n'est pas avare d'anecdotes sur sa ville.
8, rue du Port au Vin

LE LANDRU
Bien planqué dans la, rue Lekain, le Landru est un bar rock. Le spot parfait pour boire un gin entre deux compos.
7, rue Lekain

LE CAFÉ SANTEUIL
Un endroit idéal pour boire un long island et rencontrer un champion de cocktails.
5, rue Santeuil

Tu veux du patrimoine Art nouveau ? Va à **La Cigale** ! Le resto incontournable pour manger en toute classe !
4, place Graslin

Envie d'une petite toile ? Mate un film au **Cinéma Katorza** !
3, rue Corneille

Intérieur ou terrasse ? Réserve une table au **Café Kléber**.
12, rue Kléber

Tu es en hypoglycémie ? Va acheter 500 g de chocolats chez **Vincent Guerlais** (Pâtissier-chocolatier)
11, rue Franklin

Tu cherches un pub où on peut voir des matchs, écouter de la musique et faire des rencontres. Va au **Pickwick's**.
3, rue Rameau

Tremble Ronald ! Le fast-food breton **Ker Juliette** est meilleur.
4, place de la Bourse

Besoin d'un thé. Réfugie-toi au **Sugar Blue Café**.
4, rue de l'Arche Sèche

Besoin d'un bouquin ? D'un autre guide *Safari* ? Trouve-le dans les rayons de la **Librairie Vent d'Ouest**.
5, place du Bon Pasteur

GUIST'HAU
bd Gabriel Guist'Hau
rue du Calvaire
Café Kléber
La Tour de Pise
Guerlais - Pâtissier Chocolatier
Le Loft
Le Landru
ON FAIT CHAUFFER LA CARTE BLEUE !
€€
BRETAGNE
La Noi
Librairie Vent d'Ouest
Sugar Blue Café
rue d'Orléans
ON VA CRÉBILLONER !
PLACE ROYALE
GRASLIN - COMMERCE
rue Crébillon
Café La Perle
rue Racine
rue Anizon
Cinéma Katorza
PLACE GRASLIN
Le Santeuil Café
Passage Pommeraye
CLIC
CLIC
CLIC
SPOT MIGNON
100 % NANTES CHICOS
La Cigale
Le Pickwick's
Ker Juliette
rue Voltaire
cours Cambronne
rue de l'Héronnière
La Trinquette
Au Vestiaire

L'Île de Nantes

LES MACHINES DE L'ÎLE
Viens te balader sur le dos d'un pachyderme typiquement nantais.
bd Léon Bureau

LE LOUIS BLANC
Un bar idéal pour parler de Frank Gehry ou de Renzo Piano en buvant une pinte.
2, rue Louis Blanc

LE FLORIDE
Expérience chamanique à moins de 10 euros. Si tu vois la beauté du monde au Floride, tu es une belle personne.
4, rue St-Dominque

- Des fringues de seconde main ? Va au **Comptoir du Solilab**.
  8, rue St-Domingue
- Tu veux danser sur de l'électro ? Fais la queue au **Warehouse**.
  21, quai des Antilles
- Concert ou dj set jusqu'à 4 h du mat' ? Choisis **Le Ferrailleur**.
  21, quai des Antilles
- Tu veux acheter des fringues ? Va à **La Cale 2 Créateurs**.
  parc des Chantiers
- Un bar avec un Playmobil Géant, c'est l'**Alter Café** !
  21, quai des Antilles
- Deviens le nouveau C2C, lance ton groupe au **Trempolino** !
  6, bd Léon Bureau
- Envie d'une expo ? Va au **Triphasé** il y a plein d'artistes.
  20, bd de la Prairie au Duc
- Conf + expo + concert = journée bien remplie au **Stéréolux**.
  4, bd Léon Bureau
- Une p'tit coup au **Levrette Café** ça fait toujours plaisir...
  Pont 1 du Nantilus

DOBRÉE - BON PORT
Mémorial de l'abolition de l'esclavage
Bras de la Madeleine
"TOUT EST ART !"
passerelle V. Schoelcher
40 Pieds
Le Maillé-Brézé
Levrette Café
Les Machines de l'Île
Le 1
Ping-Pong Park
L'Abscence
Le Louis Blanc
Stereolux
Trempolino
La Cale 2 créateurs
Le Théâtre de Jeanne
Le Bras de Fer
Le Triphasé
Le toit de l'École d'Archi
bd de l'Estuaire
Blockhaus HUB
LE PÉLERINAGE DU SAMEDI SOIR…
Warehouse
ÎLE DE NANTES
bd Gustave Roche
YOUPI
DES BARBECUES
TROP BIEN !
La Cantine du Voyage
Alter Café
TERRAIN DE JEU - OFFICIEL
YOUHOU !
BOIRE DES COUPS
DU SPORT
DES FRICHES
Le Comptoir du Solilab
Le Roof
Le Ferrailleur
DES JEUX
DES PIQUE-NIQUES
Le Floride
Bras de Pirmil

Talensac

BISTROT LE PARISIEN
Le seul bistrot Parisien avec des serveurs sympathiques, ça ne se refuse pas !
12, rue Talensac

LE BATEAU LAVOIR
Une guinguette sur les bords de l'Erdre, le spot idéal pour squatter quand il fait beau. Si ça manque de place, on peut s'installer à proximité sur les quais.
Quai Ceineray

PIOCHE
Pioche c'est un Bar à jeux coopératifs, un nom un peu barbare pour décrire un lieu pour jouer, mais pas que.
10, rue de Bel air

- Tu veux refaire le monde ? Pousse la porte du **Masque** et discute avec Josie.
  9, allée d'Erdre
- Une brasserie ? Mets les pieds sous la table au **Coq en pâte** !
  10, allée Duquesne – 02 40 20 09 50
- Cheveux bleus ou verts ? Coiffe-toi à **La Kage**.
  1, rue Yves Bodiguel
- Un chouchen sur le toit de Nantes ? Grimpe jusqu'au **Nid** !
  Place de Bretagne
- Boom Tchak Tchak Vroomb ! Cool ce concert au **Pannonica** !
  9, rue Basse Porte
- On peut acheter mille fois une bouteille et on peut acheter mille bouteilles une seule fois chez **Mille et un Vins**.
  19, place Viarme
- Un café pour les grands et les petits, c'est au **Café Marmaille** que ça se passe !
  8, rue Jeanne d'Arc
- Après le marché, un petit verre au **Au Bon Coin** !
  21, rue Bel Air

TALENSAC
Mille et un Vins
La Kage
Café au Bon Coin
rue Auguste Brizeux
Le Bistrot Parisien
Pioche
Le Pannonica
rue Sarrazin
Le café Marmaille
rue Paul Bellamy
MÖLKKY + BIÈRE
APÉROS DÉTENTE
L'Erdre
Le Bateau Lavoir
PLACE ROGER SALENGRO
LE TRIANGLE DU MUSCADET DU DIMANCHE !
Y'A UN OEUF AU PLAT SUR LE TOIT !
Le Masque
SPLASH
SPLASH
SPLASH
Le Coq en pâte
L'artichaut Galerie Café
Le Nid
BRETAGNE
BOUFFAY
rue de Strasbourg
PLACE SAINT-PIERRE

Quai de la Fosse

LE BALBAKAR
Le bar du quartier avec des concerts, des scènes ouvertes et des soirées à thème.
1, rue Charles Brunellière

LE MAILLÉ-BRÉZÉ
Tu aimes les gros engins ? Visite le navire de guerre transformé en musée.
Quai de la Fosse

40 PIEDS
Une guinguette pour boire un verre de Muscadet avec la vue sur l'Île de Nantes.
Quai de la Fosse

- Tu cherches un resto-bar-à-cocktails-et-salle-d'expo. Facile, va à **L'Industrie**.
  2, bd de Launay
- Manger sur le pouce ? Va chez **Marcel et ses madeleines**.
  3, place Catinat
- Tu veux grignoter une planche de fromage à deux pas du quai de la Fosse ? File au bar **Mon Oncle**.
  16, rue d'Alger
- Un bar d'habitués sans prise de tête. Va au **Bar Le Pelican**.
  18, rue Dobrée
- Une bonne formule du midi ? Va au **Bistrot de Pointzéro**.
  2, rue d'Alger – 09 50 10 32 10
- Bordeaux a du mal avec son histoire, va te recueillir sur les quais de Loire au **Mémorial de l'abolition de l'esclavage**.
  Passerelle Victor-Schoelcher
- Tu sais faire que des pâtes au beurre ? File chez **Imagine**.
  12, rue Gresset – 02 40 34 06 11
- Tu veux voir l'éléphant, le héron, le colibri, la fourmi et le paresseux mécanique ? Va aux **Machines de l'Île**.
  Bd Léon Bureau

JESUS ROCKS
rue Voltaire
Marcel et ses Madeleines
rue Désiré Colombe
Imagine
GRASLIN
rue Dobrée
Bistrot de Pointzéro
rue Maurice Sibille
rue d'Alger
Mon Oncle
Le Pélican
L'Industrie
QUAI DE LA FESSE !!
quai de la Fosse
rue Charles Brunellière
Machin Machine
Mémorial de l'abolition de l'esclavage
DOBRÉE - BON PORT
Balkabar
pont Anne de Bretagne
la Loire
ÎLE DE NANTES
40 Pieds
Le Maillé-Brézé
BOUING
BOUING
BOUING
L'arbre à Basket
Les Machines de l'île
Levrette Café
Stereolux
CENTRE AÉRÉ À CIEL OUVERT !
La Cale 2 Créateurs
Grue Titan Jaune

Joffre

LE BAROUDEUR
Un bar avec des rhums arrangés créés par les proprios en fonction de leurs voyages. On peut choisir son *shot* sur une grande mappemonde !
43, rue Maréchal Joffre

LE MOJO
Un café ouvert jusqu'à 2 h avec des jam sessions ou des dj-sets, les proprios sont musiciens et il y a souvent des concerts.
79, rue Maréchal Joffre

LE BROCÉLIANDE
Un café brasserie avec deux terrasses en bois et des chats qui slaloment entre les tables. Maow.
40, rue Préfet Bonnefoy

- Tu aimes la déco 70'S et le babyfoot. Teste **La Maison Café** !
  4, rue Lebrun
- Un bar de nuit avec du son ? Choisis **Le Dynamo Café**.
  91, rue Maréchal Joffre
- Une bière aubergiste !!! Commande une cervoise à **La Forge**.
  43, rue Gambetta
- Tu es un dandy ? Sirote un Martini Dry le mardi matin au **Café de l'Orangerie**.
  15, rue Gambetta
- Mario, Sonic, Donkey Kong, Peach et Yoshi sont tes amis. Rejoins-les au **Game Over**.
  1, rue Lebrun
- Féru·e d'art ? Cultive-toi au **Musée d'art de Nantes**.
  10, rue Georges Clémenceau – fermé le mardi
- Tu cherches un cadeau inédit et original, va à la **Boutique Bientôt**, il y a de tout.
  77, rue Maréchal Joffre

Le Brocéliande
TCHIN
Hic
LA TOURNÉE DES BARS
GLOUGLOU
TROP BIEN !
WOUHOU !
- RICHEBOURG - ST-CLÉMENT
rue Maréchal Joffre
Le Baroudeur
rue Sully
Boutique Bientôt
Café de l'Orangerie
Les jeux géants pour enfants
OH ! UN BANC GÉANT !
La Maison Café
Le Mojo
rue Gambetta
Game Over
Le Dynamo Café
rue Clémenceau
La Forge
PLACE LOUIS XVI
JARDIN DES PLANTES
rue Stanislas Baudry
MUSÉE
Musée d'art de Nantes
DECRÉ - CATHÉDRALE

À Nantes

AUX PTITS JOUEURS
Rien de tel qu'une partie de boules nantaises pour s'ouvrir l'appétit !
23, rue du Port Guichard

BISTROT DE LA MANU
Pour se croire presque à la maison, un bistrot à la bonne franquette dans le quartier Dalby.
15, rue de Coulmiers

LE WALDECK
Un apéro avec vue sur l'île de Versailles ? Pose-toi tranquillement en terrasse.
1, place Waldeck Rousseau

Tu as besoin d'un QG ? Pose tes valises à l'**Auberge de Jeunesse HI Nantes.**
2, place de la Manu – 02 40 29 29 20

T'es invité t'as pas de vin. Passe par **Rouge Bouteille**.
64, boulevard Pasteur

Une bonne adresse à Zola ? Réserve à **La Table de Yo**.
42, rue de la ville en Bois – 09 83 30 77 44

Tu aimes la techno. Mate la programmation du **Macadam**.
17, rue Jules Launey – Chantenay

Tu adores commander une pinte en allemand ? Demande *eine grosse bitte* au comptoir du **Berlin 1989**.
95, bd Gabriel Lauriol

Tu veux écouter du gros rock, file à **La Scène Michelet** !
1, bd Henry Orrion

Un gros sound system ? Va danser au **SweatLodge**.
378, route de Sainte-Luce – 09 81 63 57 49

Amateur de graffiti ? Va voir la fresque à la **Carrière Misery**.
Quai Marquis d'Aiguillon

Autour de Nantes

☺

CHANTIERS NAVALS
Fan de paquebots ? Prends-en plein les mirettes aux Chantiers de l'Atlantique.
av Antoine Bourdelle, Saint-Nazaire

△

FLORENCE ?
Envie d'une balade dans un vieux bourg médiéval ? Fais un tour à Clisson sur les bords de la Sèvre Nantaise !
Clisson

△

PNR DE BRIÈRE
Des arbres, des maisons aux toits de chaume, balade-toi dans le Parc Naturel Régional de Brière.
Maison du Parc – Saint-Joachim

- Le Melon est un cépage blanc ??? Va en apprendre plus au **Musée du Vignoble Nantais.**
  82, rue Pierre Abélard – Le Pallet
- △ Tu adores la pêche à pied ? Attrape des crevettes à **Préfailles.**
  Préfailles
- Il fait plus de 12°c et tu veux une glace ? Enfile ton petit pull marin et va à **La Fraiseraie** à Pornic !
  La Fraiseraie, Pl. du Petit Nice – Pornic
- △ Tu aimes l'ornithologie ? Enfile tes habits camouflage et va à la **Maison du Lac de Grand-Lieu.**
  rue du Lac – Bouaye
- Marre des machines de l'Île ? Va voir les surricates de **Planète Sauvage** à Port-Saint-Père.
  La Chevalerie – Port-Saint-Père
- Connais-tu l'histoire de la Poche de Saint-Nazaire ? Remonte le temps et visite le **Musée le Grand Blockhaus.**
  12, route du Dervin – Batz-sur-Mer

l'équipe & remerciements

LES AUTEUR·E·S

Mathieu Zimmer, fan de Patrice Loko et **Ulrich Legait**, émerveillé par les machines de l'Île, ont été vaillamment épaulés par **Gabriel Bord** et **Julianne Huon** dans ce périple nantais.

LES ILLUSTRATEURS·TRICES

La néo-Nantaise **Gwendoline Blosse** pour les beaux coups de crayon. **Julianne Huon** pour les dessins au feutre jaune et vert. **Mathieu Zimmer** pour les cartes gribouillées.

GRAPHISME

Martin Lavielle, passé par Rennes dans ses jeunes années, il a su faire fi de la rivalité pour designer ce guide couleur canari.

REMERCIEMENTS

Nous remercions nos relecteurs et nos relectrices : Emma, Fleur et Florian. Nous remercions *Le Floride* pour l'inspiration et les Nantais·es avec qui nous avons fêté la victoire en demi-finale de Coupe du monde ! Nous remercions chaleureusement tous les Nantais et les Nantaises que nous avons rencontrés lors de nos séjours en avril et juillet 2018. Nous avons une pensée particulière pour tous ceux qui nous ont retrouvé au *Landru* pour discuter de leur ville. Enfin, un grand merci à Agathe pour sa douceur angevine et toutes ses infos.

Enfin, toute l'équipe *deux degrés* remercie les partenaires de ce guide : *Le Landru*, *Le Briord*, *La Cabane* et *Le Santeuil*

nos autres guides

Retrouvez aussi toute notre collection de guides jouables sur notre boutique ou dans vos librairies :
www.editions.deuxdegres.net

OURS

ILLUSTRATIONS & PLANS

Gwendoline Blosse (32-33-37-55-67-68-69)
www.gwendolineblosse.com
Julianne Huon (pages 5-17-18-19-21-25-27-39-41-42-43-53-63-65-76-77-plans & fins) & **Mathieu Zimmer** (5-6-7)

GRAPHISME

Martin Lavielle
www.behance.net/martinlavielle

TYPOGRAPHIES

Reporter par Carlos Winkow (1938)
The Sans & The Mix par Lucas de Groot (1994)

IMPRESSION

Imprimerie **France Rol**, St-Jean-d'Illac (France, Gironde)

PAPIERS

Print speed offset, 100 g/m² et *Novatech* 300 g/m², chez Antalis

ÉDITION

Achevé d'imprimer en mars 2019 sur du papier issu de forêts gérées durablement avec des encres végétales. (PEFC)

Livre publié par les ***éditions deux degrés.***

www.deuxdegres.net
www.editions.deuxdegres.net